Gudrun Heller

AF170468

Abgrundtief

Gedichte über eine Liebe
und ihren Tod

© 2015 Gudrun Heller
Alle Rechte vorbehalten.

Herstellung und Verlag:
BoD - Books on Demand, Norderstedt

ISBN 9783739201320

Inhaltsverzeichnis

I. Das trügerische Abkommen   S. 9

II. Im Zauberland   S. 11

Frühlingssinfonie   S. 13
Träume   S. 15
Bunte Luftballons   S. 16
Lufttanz   S. 17
Schicksalsspiele   S. 18
Immer bei mir   S. 19
Der Geburtstagsgruß   S. 20
Sehnsucht nach Dir   S. 21
Seit ich Dich an meiner Seite weiß   S. 23
Noch ein bisschen mehr   S. 25
Sturmtief   S. 26
Wenn Du mir zu viel wirst   S. 27
Vergiss nicht   S. 29
Wie ein Stern   S. 30
Tanz der Phantasie   S. 31

III. Störgeräusche   S. 33

Kein Himmel auf Erden   S. 35
Panik   S. 36
Eifersucht   S. 37

Verliebt	S. 38
Phantasiemord	S. 40
Schöne Zeiten	S. 41
So leicht...so schwer	S. 42
Paradiesvogel	S. 43
Phantasiereise	S. 45
Warum ich die Liebe so hasse	S. 46
Zweifel	S. 48
Widersprüche	S. 49
Wie ein Orkan	S. 50
In der Hölle	S. 51
Wie lange noch?	S. 52
Der Cooltuer	S. 53
Wie oft noch?	S. 54
Das schreckliche Gefühl	S. 56
Warnung	S. 57
Die Freiheit des Wortes	S. 58
Die richtige Dosis	S. 60
Machosprüche	S. 61
Trotzdem	S. 63
Meine Texte	S. 64
Nur ein kleiner Schritt	S. 65
Flieg nicht davon	S. 66
Bilder von Dir	S. 67
IV. Das Ende	S. 69
Glasland	S. 71
Vergangene Zeiten	S. 72

Auf halbem Weg	S. 73
Rat an einen Freund	S. 74
Der andere Weg	S. 75
Love´s death	S. 76

V. Verzweiflung und Wut — S. 77

Offline	S. 79
Auf dem Schlachthof der Träume	S. 80
Das Sondergericht	S. 81
Blutrausch	S. 83
Doppelmord	S. 84
Fehlverhalten	S. 85
Verstoßen	S. 86
Mein Recht	S. 87
FinsterZeit	S. 88
Keine Kraft mehr	S. 89
Fata Morgana	S. 90
Keine Lust zu leiden	S. 91
Das Feuer	S. 92

VI. Die Trauer — S. 93

Träume von Dir	S. 95
Herzblätter	S. 96
Und doch	S. 97
Vorbei	S. 98
Lass ihn gehen	S. 99

Wie bringe ich es nur meiner Seele bei?	S. 100
Unerklärlich	S. 101
Der Tränenschleier	S. 102
Der lange Weg	S. 103
Fremdes Bild	S. 104
Wunde Seele	S. 105
Sehnsucht nach Vergessen	S. 107
Die Verwandlung	S. 108
Auf den Wellen	S. 110
Die Hilfe des Liedermachers	S. 111
Nicht stehen bleiben	S. 112
Trennungshilfe	S. 113
Leere ohne Dich	S. 115
Irgendwann	S. 116
Kein Glaube mehr	S. 117
Nicht noch einmal	S. 118
Vergebens	S. 119
Ein schöner Traum	S. 120
Machtkampf	S. 121
VII. Heimkehr	**S. 123**
Abgeschaltet	S. 125
Am Ende der Straße	S. 126
Die Kraft des Anfangs	S. 127
Loslassen	S. 128
Gib mir Deine Hand	S. 130
Märchenprinz	S. 132

Der richtige Weg	S. 133
Späte Einsicht	S. 134
Der klügere Weg	S. 135
Am Ende	S. 136
Dicke Mauern	S. 137
Sonnenkönig	S. 138
Der schmerzhafte Weg	S. 139
Auch ohne Dich	S. 140
Free at last	S. 141
Danke	S. 142
Langsam	S. 143
Balanceakt	S. 144
Völlig verrannt	S. 145
Nur die Zeit allein	S. 146
Verrückte Zeiten	S. 147
Zu gerne	S. 148
Irgendwo, irgendwann…	S. 149
Herzenserinnerungen	S. 150
Vergrabenes Glück	S. 152
Was hast Du nur gemacht?	S. 153
Ausbruch der Worte	S. 154
Endlich quitt	S. 156
Verwirrspiel	S. 157
Blaue Augen	S. 158
Erinnerung an Zauberland	S. 159
Farbenstrahl	S. 160
Verbrannte Erde	S. 161
Liebeserklärung	S. 162
Der Traum	S. 163

*Someday, maybe,
I´ll remember to forget.*

(Bob Dylan)

I.

Das trügerische Abkommen

Die Liebe und ich,
wir haben uns prima arrangiert:
Ich geh ihr aus dem Weg,
und sie belästigt mich nicht.

Es ist mir egal,
was andere Leute dazu sagen,
wenn ich mit den Schultern zucke,
sobald sie nach ihr fragen.

Sollen sie sie doch selber suchen gehen;
wollen sie sie wirklich finden,
müssen sie woanders nachsehen.

II.

Im Zauberland

Frühlingssinfonie

Die ersten Strahlen der Frühlingssonne
locken die Menschen
hinaus an den See.

Sie zaubert ein Lächeln
in alle Herzen,
zaubert frohe Menschen,
wo immer ich geh.

Die Boote schaukeln leise am Ufer,
im Takt der altbekannten Sinfonie,
die schon seit Urzeiten erklingt,
ihre Töne vergisst man nie.

Und für einen kurzen Augenblick
lässt sie unsere Herzen
im Gleichklang schlagen,
lässt sie einander
ihre Zuneigung zeigen,
viel schöner,
als Worte es vermögen.

Am liebsten würde ich
vor Glück tanzen
hinunter die Promenade am See
und vor Freude jedes Veilchen küssen,
bis ich nur noch
Frühlingsfarben seh.

Träume

Ich sehne mich so sehr
nach dem Tag,
an dem ich so lange träumen kann,
wie ich nur mag.

Ich träume von der Liebe,
die mich alles schreiben lässt,
und mich für das, was mir einfällt,
niemals hasst.

Ich träume von jemandem wie Dir,
der weit weg ist und trotzdem hier,
der die Kraft hat, mir zu verzeihen
und mich trösten kann
in all meinem Schreien.

Ich träume von der Möglichkeit
des Unmöglichen in meinem Sein,
von der Wirklichkeit der Phantasie,
von der Wahrhaftigkeit des Scheins.

Bunte Luftballons

Ich seh Luftballons steigen
am Horizont,
rote, gelbe und blaue,
losgelassen von Deiner Hand,
wollen mir Liebe zeigen.

Könnte ich doch selbst
in den Himmel steigen
und sie einsammeln
Stück für Stück,
ich bände sie zu einem bunten Strauß
und reichte sie Dir zum Glück.

Lufttanz

Ich kann es kaum fassen,
dass Du an mich gedacht,
obwohl ich so weit weg bin
und Dein Leben voll ist
mit Arbeit und Hast.

Was ist das nur für ein Zauber,
der uns zusammenhält,
wer hat sich die Magie ausgedacht,
die unsere Herzen befällt?

Irgendein Spaßvogel
wirft uns hoch in die Luft,
lässt uns Pirouetten drehen,
bis er „Schluss jetzt!" ruft.

Ich hoffe nur,
wir landen sanft
am Ende von diesem Tanz,
hoffe, man hat Mitleid mit uns
und lässt unsere Seelen ganz.

Schicksalsspiele

Ich bin verliebt in Deine Farben,
obwohl sie mein Herz zerreißen,
in Deinen warmen braunen Blick
mit seinen dunklen Geheimnissen.

Das Schicksal hat mich
an Deine Seite gestellt,
Dich zu begleiten
ein wie auch immer geartetes Stück,
dabei lebst Du woanders
in einer anderen Welt
und es scheint so,
als spielte es das alte Spiel
vom unerfüllten Glück.

Schicksalsspiele sind wie alle anderen,
sie machen oft keinen Sinn,
doch dieses hier birgt
zumindest den Zauber,
dass ich Dir
trotz allem nahe bin.

Immer bei mir

In jeder einzelnen Sekunde des Alltags
trage ich Dein Lächeln in mir,
sehe ich Dein liebes Gesicht,
höre Deine Stimme in mir.

Nur manchmal
überschwemmt eine Bilderflut
mein träumendes Augenlicht
und andere Geräusche werden so stark,
dass Dein Klang in mir verlischt.

Doch schließe ich meine Augen,
kommst Du zurück zu mir,
Deine Stimme ertönt von neuem
und ich lausche ihr.

Der Geburtstagsgruß

Glückwünsche fliegen mir
stürmisch entgegen,
bunte Karten auf meinem Tisch,
sie alle wollen mir Zuneigung zeigen
und ich freue mich.

Doch was wären diese ganzen Wünsche
ohne Deinen Gruß an mich?
Er ist mir von ihnen der Allerliebste,
ohne ihn hätte dieser Tag kein Gewicht.

Sehnsucht nach Dir

Ich will Dich
mit all meinen Sinnen begreifen,
Dich schmecken, fühlen, riechen,
Dein Innerstes erreichen.
Ich will Deine Schatten hinaus
an das Tageslicht führen,
tief in Deinem Ozean versinken,
um Dein Herz zu berühren.

Ich will Dich
mit meinen Händen streicheln
so sanft
wie eine Feder Deine Haut,
bis sich ein Orkan aus Verlangen
über unseren Körpern zusammenbraut.

Wir stürmen durch die Lüfte,
taumeln im Auf und Ab,
und ich werde Dich
nicht eher loslassen,
bis ich Dich
ausgekostet hab.

Bis die Winde sich endlich legen
und die Ruhe wieder einkehrt hier,
nur wird sie nicht allzu lange dauern,
zu wild
ist meine Sehnsucht nach Dir.

Seit ich Dich an meiner Seite weiß

Seit ich Dich an meiner Seite weiß,
könnt ich die ganze Welt umarmen,
seit ich Dich an meiner Seite weiß,
verschwinden der Dämonen Dramen.

Alles fühlt sich so leicht
und einfach an,
alles kann mir gelingen,
alles ist Sonnenschein.

Und aus meinen Schultern
wächst ein Paar Flügel,
hebt mich hoch empor,
hin zu blauen, stillen Lüften,
fort vom Alltagschor.

Wie schön es wäre,
hier oben zu bleiben,
inmitten der weißen Wolken,
ich schwebte mit ihnen
bis ans Ende der Welt
und keiner würde uns folgen.

Doch aus den Wolken
wird irgendwann Regen
und mit den Tropfen
stürze ich hinab,
viel zu kurz
ist alles Glück,
und in jedem Anfang
schon das Ende gelegen.

Noch ein bisschen mehr

Streichelst mich mit Deinen Worten,
küsst mich mit Deinem Blick,
willst mehr Gedichte von mir hören,
aber ich halte sie noch zurück.

Streichle mich noch ein bisschen sanfter,
küss mich noch eine Weile hier,
und ich schenke Dir die schönsten Zeilen
über Liebe und anderes mehr.

Sturmtief

Jedes einzelne Wort von Dir,
jedes Bild reißt mein Innerstes auf,
fährt meinen Körper gegen die Wand,
zwingt mich zu einem anderen Lauf.

Ich versuche,
den Orkan irgendwie auszuhalten,
und mitten im Sturm
das Chaos zu verwalten.

Es scheint so,
als müsste ich ewig kämpfen
gegen der Natur wildestes Ungeheuer,
und viel Kraft noch wird es kosten
sie zurückzuerobern,
die Kontrolle über mein Schiff
und sein Steuer.

Wenn Du mir zu viel wirst

Wenn Du mir
mal wieder zu viel wirst,
und die Gefühle für Dich
meinen Alltag zerstören,
sperre ich alle Bilder von Dir aus,
verbiete meinen Ohren, Dir zuzuhören.

Ich tue einfach so,
als ob es Dich gar nicht gäbe,
als wäre alles nur Phantasie,
beende das Kapitel
und lächle über die Geschichte,
denn sie passierte ja nie.

Und all die täglichen Sorgen und Pflichten
nehmen mich schnell in Besitz;
meine Füße kleben wieder am Boden,
und alles,
was ich nicht mit eigenen Augen sehe,
betrachte ich als Witz.

Bis Du Dich schließlich
wieder bei mir meldest
und mit Deinem Lächeln
die Wirklichkeit zerstörst,
wir beide durch die Lüfte schweben,
als hätte ich niemals
alles Übersinnliche ausgesperrt.

Vergiss nicht

Wenn all Deine Wege
wieder im Nichts enden,
vergiss nicht den Weg,
der immer ans Ziel führt.

Wenn all Deine Farben
im Grau des Alltags verblassen,
vergiss nicht das Land,
in dem sie niemals vergehen.

Wenn all Dein Glück,
durch Deine Finger rinnt,
vergiss nicht den Schatz,
den Du in Deinem Herzen trägst.

Wenn alle anderen Türen
plötzlich verschlossen sind,
vergiss nicht die Tür,
die für Dich immer offen steht.

Du kennst den Weg.

Wie ein Stern

Du bist wie ein Stern am Himmelzelt,
so schön anzuschauen
und so weit weg
von meiner Welt.

Ich will Dich nicht stören
oder Dir im Wege stehen
oder Dich gar daran hindern,
Dein strahlendes Leben zu führen.

Es reizt mich nur immer wieder,
Dir zuzusehen,
und in klaren Nächten
Dein Bild zu studieren.

Tanz der Phantasie

Es gibt Zeiten,
da nimmt die Phantasie
die Wirklichkeit an die Hand
und tanzt mit ihr wild
durch ihr Zauberland.

Sie spielen mit der Grenze,
schieben sie
vor und zurück,
bis ich gar nicht mehr weiß,
was wirklicher ist:
Das kleine echte
oder
das große geträumte Glück.

III.

Störgeräusche

Kein Himmel auf Erden

Ich sagte Dir,
Ich liebe Dich
und nicht
Ich will nett zu Dir sein,
versprach Dir weder
den Himmel auf Erden
noch ständiges Glücklichsein.

Ich kann Dich nicht
über die Hindernisse heben,
die auf Deiner Straße stehen,
kann Dich nur auf Deinem Weg begleiten,
Du musst schon selber gehen.

Aber wenn Du mir meine Freiheit lässt
und mich so akzeptierst wie ich bin,
kann ich Dir die Richtung
zu Deinem Glück zeigen
und ich bin mir sicher,
wir haben jede Menge Spaß
auf der Reise dorthin.

Panik

Sie ist schon da,
bevor ich erwache,
bevor das Morgenlicht
meine Augen erreicht.

Noch ehe der Kopf
sich wehren kann,
hat sie mein Herz zerfressen,
meine Glieder gelähmt,
mich zum Frühstück gegessen.

Sie zieht mich unter Wasser,
bis ich kaum mehr atmen kann,
und in meiner wilden Verzweiflung
rufe ich Dich um Hilfe an.

Halt mich fest,
lass mich jetzt nicht allein,
halt mich fest,
sonst werde ich verloren sein.

Eifersucht

Nur sie
darf Deine Haut berühren,
ihre Finger
Deinen Körper entlang führen.

Nur ihre Küsse
dürfen Deine Seele verbrennen,
ihre Lieder
in Deinen Ohren klingen.

Ich spüre mein Blut kochen
und wende mich ab von Dir,
um mich herum eiserne Grenzen,
nur ein einziger Weg übrig,
der mich ins Tal führt von hier.

Die Realität zwingt mich,
mit den Träumen aufzuhören,
bevor sie noch den letzten Rest
wirklichen Glücks zerstören.

Verliebt

Zuerst sind es nur ein paar Worte,
die Dich seltsam berühren,
sind es nur ein paar komische Blicke,
die sich anders anfühlen.

Aus den Worten werden Sätze,
die sich zu Geschichten zusammentun,
und aus den Blicken werden Begegnungen,
die auf einmal
im Zentrum Deines Lebens stehen.

Und eh Du es noch richtig begreifst,
kreisen all Deine Gedanken um ihn,
alles außer ihm verschwindet im Nebel,
macht für Dich keinen Sinn.

Alles ist nur noch pure Sehnsucht,
alles Verlangen nach ihm,
der Boden unter Dir scheint nachzugeben
und auf einmal kannst Du fliegen.

Doch glaub mir,
es ist nur eine Frage der Zeit,
bis Deine Füße wieder die Erde berühren,
Verliebtsein dauert gottseidank
nicht ewig lang
und niemand kann auf Dauer
die Wahrheit hinter das Licht führen.

Phantasiemord

Es war mein Risiko,
ich wusste es von Anfang an:
Jemanden aus der Ferne zu lieben,
ist wie ein Tanz auf dem Vulkan.

Die Bilder in meinem Kopf
reiben sich an der Realität,
mir fällt es schwer, das zu begreifen,
und jetzt ist es zu spät.

Schon haben mich
meine Gefühle im Griff,
Gefühle für einen Mann
mit Deinem Gesicht,
doch gibt es ihn leider nur
in meiner Phantasie,
in der Wirklichkeit gibt es ihn nicht.

Er ist es,
der mich nachts nicht schlafen lässt
und um den sich meine Träume ranken.
Es wird allerhöchste Zeit,
ihn umzubringen,
bevor ich noch ernsthaft
an ihm erkranke.

Schöne Zeiten

Als ich Dir sagte,
ich genieße die Zeiten,
in denen ich frei von Gefühlen bin,
wusstest Du darauf nichts zu antworten
und sahst mich nur verständnislos an.

Aber glaubst Du tatsächlich,
ich möchte immer
voll von Sehnsucht sein?
Glaubst Du,
es ist ein schönes Gefühl,
Dich zu brauchen,
obwohl ich Dich nicht haben kann?

So leicht...so schwer

Es ist so einfach,
so viel zu zerstören,
es fällt so leicht,
Signale zu überhören.

Es ist so schwer,
etwas aufzubauen,
er dauert so lange,
der Weg zu Deinem Vertrauen.

Und trotzdem ist es so qualvoll,
Deine Liebe zu ertragen,
spüre ich den unendlichen Wunsch,
alles in Stücke zu schlagen.

Und ich warte darauf,
dass jemand den Teufelskreis durchbricht,
dabei ahne ich schon seit langem,
das kann nur ich.

Paradiesvogel

Ein Paradiesvogel saß neulich
an meinem Fenster in der Nacht.
Ich hatte ihn schon
mit den Händen gefangen,
da hat er leise zu mir gesagt:
Alle Welt will mich besitzen
wegen meiner Schönheit allein,
dabei kann ich nur
frei unter Vögeln
wirklich glücklich sein.

Wir schauten einander lange
und zärtlich ins Gesicht,
dann gestand ich ihm voller Trauer:
Zum Vogel werden,
das kann ich nicht.

Einen Moment noch
genoss ich seine Wärme
und seine Federpracht,
dann öffnete ich meine Hände
und er flog davon in die Nacht.

Auf seinem Weg in den Himmel
drehte er sich ein letztes Mal zu mir:
Ich werde Dich niemals vergessen,
das verspreche ich Dir.
Zwar können wir nicht
zusammen leben,
doch sind wir seelenverwandt,
und Liebe kennt keine Grenzen,
haben zwei Wesen
sich einmal erkannt.

Phantasiereise

Ich lebe schon seit langem
hier oben,
zwischen den Wolken versteckt,
spiele meine ganz eigenen Spiele
und hoffe,
dass mich niemand entdeckt.

Auf einer Deiner vielen Reisen
hast Du mich trotzdem gefunden,
und wir machten uns zusammen auf,
das Reich der Phantasie zu erkunden.

Verführerisch ist nun der Gedanke,
sie in Wirklichkeit zu verwandeln,
nur bräuchte es dazu jede Menge Mut
und auch viel Kraft zu handeln.

Doch wäre alles Mühen umsonst,
würden wir unseren Mut und unsere Kraft
dafür geben,
denn niemals kann die Phantasie
die Wirklichkeit
auch nur eine Sekunde überleben.

Warum ich die Liebe so hasse

Fragst Du mich ernsthaft,
warum ich die Liebe so hasse,
sehe ich Dich nur verwundert an,
wie soll ich denn auch etwas mögen,
was mich so verletzen kann?

Was mich in den Dreck wirft,
von Zeit zu Zeit,
mir die Kontrolle über mein Leben nimmt
und mich meines Glücks beraubt.

Was mich zwingt zu verletzen,
was ich am meisten mag,
trotz des Wissens um die Schmerzen,
die mich treffen am nächsten Tag.

Die meine Stunden füllt
mit Sehnsucht,
so bittersüß und schwer,
die mich von allem abhält,
wonach ich strebte bisher.

Die mich um Erlösung flehen lässt,
sie aber nur selten gewährt,
und sich nach einiger Zeit
aus dem Staub macht,
als wäre all dies
niemals passiert.

Zweifel

Ich war mir so sicher,
Dich zu kennen,
es fiel mir so leicht,
Deine Wahrheit zu benennen.

Nun seh ich Dich nur noch
völlig verschwommen,
und meine Gewissheit
scheint wie Sand
zwischen den Fingern zu zerrinnen.

Zurück ab Anfang,
lasse ich andere Bilder zu,
stelle mich meinen Zweifeln
und der quälenden Frage

Wer *bist* Du?

Widersprüche

Es nützt nichts,
dass ich Dich so lange drehe,
bis Du so bist,
wie ich Dich haben will;
die verstörenden Bilder,
die Du sendest,
stehen trotzdem nicht still.

Doch so lange auch Du
mit meinen Widersprüchen leben kannst,
akzeptiere ich Dich so wie Du bist,
schenke ich Dir diesen Tanz.

Wie ein Orkan

Wie ein Orkan
um seine tote Mitte,
tobt Dein Leben
um einen leeren Raum.

Und lässt Dein Toben
auch nur etwas nach,
spürst Du Dich noch kaum.

Du hast Deine Mitte
schon verloren,
als du noch nicht wusstest,
wie Du heißt,
und es ist schwer,
etwas zurückzuerlangen,
von dem Du kaum etwas weißt.

Du kannst Deine Leere auch nicht
durch meine Liebe heilen,
sie ist nur ein Pflaster für Deine Wunden,
aber sie kann Dir sicher die Richtung zeigen,
in der schon andere ihren Frieden gefunden.

In der Hölle

Was hast Du in meiner Hölle verloren,
fröhliches Sonnenscheinkind?
Deine Welt kennt keine schwarzen Farben,
Dein Leben verläuft leicht und beschwingt.

Macht es Dir Spaß,
anderen beim Leiden zuzusehen
oder ist es einfach der Reiz,
etwas Fremdes kennenzulernen?

Nimm Dich bloß in Acht vor mir,
hab ein Auge auf Dein Lebensglück
und reservier Dir den direkten Fluchtweg
in die Freiheit zurück.

Deine bunten Farben
können mein Schwarz nicht heilen,
eher kippen sie selbst in die Finsternis,
müssen ihren Glanz verlieren
und die Dunkelheit
verschluckt ihr Leuchten gewiss.

Wie lange noch?

Wie lange noch
wirst Du an meiner Seite laufen,
und mir
die verstörendsten Zeilen abkaufen?

Wird es Dir besser gehen,
wenn ich aufhöre zu schreiben,
oder werden quälende Worte
in Deinem Kopf verbleiben?

Wenn Du mir irgendwann
nicht mehr zuhören wirst,
bin ich mir sicher,
dass mein Wörterstrom stirbt.

Ob es mir dann besser
oder schlechter geht,
weiß ich noch nicht,
ich weiß nur,
im Moment genieße ich beides,
das Schreiben und Dich.

Der Cooltuer

Leider ist es mal wieder so weit,
Du musst es allen zeigen,
dass Du der einzig Coole bist
im „Starke-Männer"-Reigen.

Flotte Frauensprüche
von Mister Unwiderstehlich,
warum Du Dich so verhalten musst,
kann ich nicht verstehen,
ganz ehrlich.

Das sind die Tage,
an denen ich zweifle an Dir,
war das, was ich sah, Wirklichkeit
oder Einbildung nur?

Ich wende mich ab von Dir,
ich kann Dich so nicht ertragen,
ziehe mich zurück und warte ab,
ob Dein anderes Ich
zurückkommt zu mir.

Wie oft noch?

Wie oft noch muss ich
alles mit Worten zerstören,
ohne dabei Dein Schreien zu hören?

Wann werde ich endlich begreifen,
welch scharfe Waffe Worte sind,
und dass man sie nicht
Gefühlen überlässt,
die damit umgehen wie ein Kind?

Wie oft noch kannst Du mir verzeihen,
wenn ich so wild mit ihnen
um mich werfe,
und mir dabei immer wieder einbilde,
dass ich höchstens
mich selbst damit träfe?

Wann werde ich endlich lernen,
sie eine Weile lang stehen zu lassen,
um nach ein paar Tagen herauszufinden,
ob sie tatsächlich die Wahrheit erfassen?

Ich hoffe gleichwohl,
Du kannst noch lange
meine Wörterwut ertragen,
denn trotz allem Toben
würde ich immer wieder
Ich liebe Dich
zu Dir sagen.

Das schreckliche Gefühl

Es fühlt sich für mich so schrecklich an,
dass Du mich nur liebst,
weil ich mit Worten
um mich schleudern kann.

Ich will nicht schreiben müssen,
um Deine Liebe zu behalten,
lieber verzichte ich auf Wörter,
lasse alles beim Alten.

Ich bin mehr und anders,
als diese seltsamen Zeilen Papier,
und sollten wir uns jemals treffen,
vergisst Du am besten all das hier.

Ich kenne Dich nicht
und Du kennst mich nicht,
alles andere wäre Selbstbetrug,
wir sind füreinander nur leere Blätter,
auf denen das Leben zufällig
gemeinsam unsere Namen eintrug.

Warnung

Versuche niemals,
mich in Deine Welt zu ziehen,
die Welt des Scheinwerferlichts,
die Welt der Schönen und Berühmten,
der Parties und des Klatschgerichts.

Ich bin schon froh,
dass ich das Tageslicht ertragen kann,
und unter vielen Leuten zu sein,
fühlt sich für mich anstrengend an.

Ich stand schon von Anbeginn draußen
von was es auch immer sei,
und kenne das Drinnen nicht,
müsste sicherlich verbrennen,
träfe mich das Scheinwerferlicht.

Die Freiheit des Wortes

Ich lass mir nicht den Mund verbieten,
von Dir nicht und auch nicht
von sonst irgendwem.
Wenn es Dir nicht passt,
was ich schreibe,
musst Du Dich
nach jemand anderem umsehen.

Versuchst mich zu steuern
durch Liebesentzug -
meinst Du wirklich,
ich kenn das noch nicht?

Ich weiß,
von Zeit zu Zeit
verletzen meine Worte Dich,
aber vergiss niemals,
sie sind Gebilde der Phantasie
und spiegeln die Wirklichkeit nicht.

Ich kann nicht anders,
als sie zu schreiben,
auch wenn sie Dich erschrecken,
ich muss sie einfach fließen lassen,
sonst würde ich daran ersticken.

Die richtige Dosis

Hat lange gedauert,
bis ich begriffen habe,
was mein Körper mir
von Dir sagen will:

Ein bisschen von Dir
ist wie Medizin,
tödlich die Dosis zu viel.

Machosprüche

Von Kind an
musste ich diese Sprüche ertragen,
mit denen Männer Unmögliches
über Frauen sagen.

Gut verpackt in einen Witz
drücken sie angebliche Überlegenheit aus,
und hörst Du genauer hin,
spürst Du ihre Verachtung heraus.

Kritisierst Du sie deswegen,
bist Du sogleich Spielverderberin,
wie kann man nur so humorlos sein,
die hat ja für Komik gar keinen Sinn!

Ich möchte sie die gleichen Sachen
mal über Schwarze oder Juden sagen hören,
ich bin mir sicher,
sie ernteten Null Toleranz
und alle würden sich empören.

Darum sei nicht erstaunt,
wenn ich so hart reagiere,
sobald ich auch nur
ein bisschen Macho in Dir spüre.

Ich kann Dir nicht sagen,
wie viel ich davon
bei Dir ertragen kann,
dass ich es überhaupt tue,
liegt an der Liebe allein
und ihrem Bann.

Trotzdem

Ich weiß genau,
bestimmte Sachen magst Du nicht,
ich weiß genau,
bestimmte Sachen verletzen Dich.

Und trotzdem
kann ich nicht anders,
als sie zu aufzuschreiben,
es wäre schön,
Du könntest mir das verzeihen
und an meiner Seite bleiben.

Meine Texte

Liebst Du
meine Texte nicht mehr,
so wirst Du auch mich verlieren.

Willst Du mich
für meine Zeilen bestrafen,
so wirst Du unsere Liebe zerstören.

Können meine Gedichte Dich
nach langem Streit
nicht mehr zurückholen zu mir,
so weiß ich,
etwas ist endgültig zerbrochen
zwischen mir und Dir.

Nur ein kleiner Schritt

Es braucht nur einen kleinen Schritt,
um das bisschen Wirklichkeit
zwischen uns zu zerstören.

Es braucht nur
ein paar kleine Grausamkeiten,
damit Phantasien endlich aufhören.

Und je länger Du fort von mir bist,
je länger Du Dich nicht meldest bei mir,
desto stärker wird der Reiz,
es auszuprobieren,
diesen kleinen gemeinen Schritt zu tun.

Flieg nicht davon

Flieg nicht davon, kleiner Vogel,
bleib noch eine Weile bei mir,
denn ich lerne gerade erst
Dein Lieblingslied von Dir.

Wie kannst Du gerade erst
mein Lied von mir lernen,
wir saßen doch
die ganze Nacht zusammen,
unter den Sternen?

Eine Nacht ist viel zu kurz,
um Deine Melodie zu verstehen,
dafür braucht man ein Leben lang.
Also bitte, bleib noch eine Zeit lang hier,
damit ich Dich begreifen kann.

Wenn Du mich bis jetzt nicht verstanden hast,
so wirst Du es niemals tun.
Hier zu bleiben wäre Zeitverschwendung,
irgendwann einmal
wirst Du mich verstehn.

Bilder von Dir

Quälend schöne Bilder von Dir
sind in meinem Kopf
hinter Gedanken versteckt.
Ich habe versucht,
sie auszuradieren,
aber sie gehen einfach nicht weg.

Also entschloss ich mich, sie stehen zu lassen,
bis zu dem Tag, an dem meine Liebe endet.
Dass sie das tut, weiß ich genau,
denn bisher hat die Zeit
noch jedes meiner Gefühle gewendet.

Und ist es dann
irgendwann einmal so weit,
nimmt sie all Deine Bilder mit sich –
zusammen mit dem ganzen Gedankenkram
zum Thema „Ich liebe Dich".

IV.

Das Ende

Glasland

Zerbrechliche Wege
liegen unter meinen Füßen,
können mein Gewicht kaum halten,
ohne zersplittern zu müssen.

Ich taste mich vorsichtig
auf ihnen entlang,
wohlwissend,
dass ich jederzeit einbrechen kann.

So oft schon ließen sie mich
in die Tiefe stürzen,
zwangen mich dazu,
alles Alte auszumerzen.

Und ich versuche immer wieder,
einen festen Halt zu fassen,
und all die vielen Scherben
hinter mir zu lassen,
suche nach dem einen richtigen Weg,
der mich ohne Wenn und Aber
mit Leichtigkeit trägt.

Vergangene Zeiten

Wie schön war die Zeit,
als ich noch schreiben konnte,
was ich wollte,
und wusste,
Du würdest es verstehen.

Und selbst wenn ich mal wieder
zu wüst herum gesponnen hatte,
so wusste ich doch,
Du würdest es mir nachsehen.

Doch nun scheint jedes einzelne Wort
in Deinen Ohren falsch zu klingen,
Du machst Dich auf,
gegen sie zu kämpfen
und zwingst mich,
um ihre Freiheit zu ringen.

Auf halbem Weg

Ich war schon fast gegangen,
da hast Du mich eingeholt,
und mich auf halbem Wege
zurück zu Dir geholt.

Seitdem schickst Du mich immer wieder
ein Stück weiter weg von hier,
und er fällt mir immer schwerer,
der Weg zurück zu Dir.

Spielst Du das Spiel noch weiter,
so ist der Tag nicht mehr fern,
an dem Du so weit weg von mir bist,
wie die Erde vom nächsten Stern.

Rat an einen Freund

Jedes Spiel birgt die Gefahr des Ernstes,
jeder Tanz die Schwere in sich,
darum musst Du beides beizeiten beenden,
willst Du die Konsequenzen nicht.

Der andere Weg

Unsere alten Wege
hast Du mit einem Schlag zerstört.
Ich bin vor Deiner Grausamkeit geflohen
in meine Höhle in den Bergen,
die mir schon seit Urzeiten
Schutz gewährt.

Von hier oben blicke ich traurig
hinab auf das Trümmerfeld.
Nun sagst Du, Du willst
einen anderen Weg ausprobieren,
aber gibt es überhaupt einen,
der uns beide aushält?

Love´s death

If you want to cut it off,
then cut it off,
if you want to let me down,
then let me down,
don´t worry about me,
I´ve already seen the ground.

But if you want to do it,
do it soon and fast,
so love´s death will be easier
for me at last.

V.

Verzweiflung und Wut

Offline

Ich werde mich zwingen,
Dir keine Geschichten mehr zu erzählen,
und Dich so davor schützen,
mir zuhören zu müssen,
will Dir nicht mehr im Wege stehen.

Will nichts mehr hören,
nichts mehr sehen,
nichts mehr fühlen,
nicht mehr schreiben.

Out of order.

Offline.

Auf dem Schlachthof der Träume

Auf dem Schlachthof der Träume
werden wieder die Messer gewetzt
und ich hätte niemals gedacht,
dass Du Deine Hunde auf mich hetzt.

So schnell kann ich gar nicht laufen,
dass sie mich nicht doch noch holen ein,
sie reißen mir meine Seele aus dem Leib,
und Du behandelst sie wie ein Schwein.

Erst ermordest Du sie mit eigenen Händen,
dann filetierst Du sie Stück für Stück,
wirfst Sehnsüchte und Hoffnungen
auf den Abfallhaufen,
behältst nur ein paar Erinnerungen
als verwertbar zurück.

Ich kann meine Seele kaum mehr erkennen,
sie liegt mit anderen Innereien
mitten im Dreck,
kannst den Rest nicht mehr gebrauchen,
denn alles, was sie mal ausmachte,
nahmst Du ihr weg.

Das Sondergericht

So viele Frauen
haben Dich auf dem Weg
nach oben begleitet
und mit ihrer Liebe
Deinen Erfolg vorbereitet.

Du hast bewusst
mit ihren Gefühlen gespielt
und ihre Liebe genossen,
und sie dann nach einer Weile
eiskalt abgeschossen.

Beim Gedanken daran
schießt mir wieder
die Wut in den Bauch,
denn ich muss gestehen:
Es passierte mir auch.

Und der Hass treibt mir
immer noch
das Blut ins Gesicht
und ich wünsche mir für Dich
ein Sondergericht.

Besetzt mit uns gequälten Frauen
als Richterinnen,
und ich schwöre Dir,
diesmal wirst Du Deiner gerechten Strafe
nicht entkommen.

Blutrausch

Reiß Dir die Adern auf,
lass Dein Blut laufen,
setz Dein Messer an die Brust,
stoß zu unter Schnaufen.

Denn Du musst jetzt ermorden,
was kaum zu töten ist,
musst jetzt schlachten,
was Dir am liebsten ist.

Doppelmord

Aus welchen Gründen Du Dich
auch immer entschlossen hast,
den Teil von Dir
in mir zu ermorden -
das Messer liegt noch blutig
in Deiner Hand,
aber dort liegt es nicht bis Morgen.

Es wendet sich direkt gegen Dich,
um die grausame Tat zu vollenden.
Ich hoffe, Du wusstest,
es wird sich auch
gegen den Teil von mir
in Dir wenden.

Fehlverhalten

Du meinst also wirklich,
Du könntest mich schlagen,
und ich krieche zu Dir zurück,
demütig und verzagt?

Man schlägt nicht die Hand,
die einen freundschaftlich grüßt,
hat Dir das noch nie jemand gesagt?

Verstoßen

Du hast den Schalter
einfach auf Aus gestellt,
lässt mich eiskalt im Regen stehen,
verstoßen, vernichtet,
abgeliebt,
kein Weg mehr da zu gehen.

So viel brutale Kälte
hätt ich Dir niemals zugetraut,
und ich fühle mich, als hätte ich
in Deinen finstersten Abgrund geschaut.

Am liebsten schlüge ich Dir
ins Gesicht mit der Hand,
nur um einmal festzustellen,
ob Du überhaupt etwas fühlen kannst.

Mein Recht

Du kannst verletzt sein,
weil Du meine Texte falsch verstehst.

Du kannst mich meiden,
weil Du genug hast von mir.

Du kannst es zerstören,
weil Du das Spiel nicht mehr magst.

Aber wann ich Dich nicht mehr mag,
bestimme alleine
ich.

FinsterZeit

FinsterZeit,
ich taste mich
durch Deine Dunkelheit.

Suche nach einem Ausweg
aus Deiner endlosen Nacht,
nach dem rettenden Nadelöhr
zurück in den Tag.

Doch eiserne Ketten
halten mich hier gefangen,
drücken meinen Kopf zu Boden,
in den Pfuhl tödlicher Schlangen.

Verdammt zu leben
in einem finsteren Loch,
schreit mein Herz verzweifelt:
Wie lange noch?

Keine Kraft mehr

Du hast mir alle Kraft entzogen,
indem Du mich hast
zutiefst belogen.

Lebensangst ist mir
in den Körper gekrochen,
sie hat die leichte Beute
wohl gerochen.

Nun hat sie von mir Besitz ergriffen
und ich weiß kaum mehr,
den nächsten Tag zu schaffen.

Die Schwärze der Nacht
zieht mich zu sich hinab
und zwingt mich nieder
in ihr kaltes Grab.

Fata Morgana

Siehst Du mich weinen,
denk bloß nicht,
ich weine um Dich.

Ich weine nur
um einen verlorenen Traum,
über eine erneute Enttäuschung
für mich.

So wie ich Dich sah,
hat es Dich niemals gegeben,
Du bist nichts
als eine weitere Fata Morgana
in meinem Leben.

Keine Lust zu leiden

Du kannst nicht von mir erwarten,
dass wir noch einmal zusammen
auf demselben Weg gehen,
auf dem Weg,
an dessen Ende nur Schmerzen
aus Deiner Hand stehen.

Ich bin kein Hamster,
der nur sein Rad zum Laufen kennt,
es gibt noch so viel anderes zu entdecken
und meine Zeit rennt.

Doch denk ich daran,
wie schön unser Weg hätte sein können,
wärst Du nicht auf die Idee gekommen,
mich verletzen zu wollen,
spüre ich immer noch
mein Herz in mir schreien
und ich wünschte mir,
wir könnten einander
irgendwann verzeihen.

Das Feuer

In mir brennt ein Feuer,
wild und leidenschaftlich,
ich kann es für Dich nur zähmen,
löschen kann ich es nicht.

Allein Deine Eiseskälte
kann das Wunder vollbringen
und im Laufe der Zeit
die Flammen niederringen.

Und aus der kalten Asche
steigt neues Leben empor,
mit neuen Träumen und Lieben,
nur Du kommst nicht mehr drin vor.

VI.

Die Trauer

Träume von Dir

Träume von Dir
kamen und gingen
wie die Ebbe und die Flut,
spülten Worte
an mein Land
und das Schreiben tat mir gut.

Doch mit einer
der Gezeiten
verschwandest Du wieder von hier,
ließest mich allein
zurück am Strand
und nahmst alle Worte mit Dir.

Herzblätter

Ich bin einfach
aus Deinem Herzen gefallen,
wie Blätter von einem Baum.

Und alles,
was einmal zwischen uns war,
ist nun nichts mehr als nur ein Traum.

Könnte nur noch einmal
neues Grün sprießen
aus Deinem Herzensstamm,
dann käme all das,
was ich für Dich fühle,
wieder bei Dir an.

Und doch

Gehofft, gesehnt,
geträumt, geliebt
gekämpft, gelitten
und doch verloren.

Dich.

Vorbei

Vorbei, vorbei, vorbei,
akzeptiere die Wirklichkeit,
es ist vorbei.

Gewesen, gewesen, gewesen,
alle Träume zerbrochen,
alles Schöne gewesen.

Grau und grau und grau
und grau deckt alle Farben zu,
grau und grau und grau
und grau bist in Zukunft auch Du.

Lass ihn gehen

Lass ihn gehen,
meine gequälte Seele,
lass ihn endlich gehen.

Sieh nicht zurück,
mein verzweifeltes Herz,
sieh bloß nicht zurück,
sonst musst Du zur Salzsäule erstarren
und wirst noch völlig verrückt.

Wie bringe ich es nur meiner Seele bei

Wie bringe ich es nur
meiner Seele bei,
Dein
Nein, ich will nicht,
zu keiner Zeit?

Sie wehrt sich mit allen Kräften,
es zu begreifen,
will immer noch
ein Quentchen Hoffnung behalten,
will immer wieder
Deine Bilder sehen,
obwohl sie ihrem Frieden
im Wege stehen.

Es fällt mir so schwer,
ihr weh zu tun,
und ihr jeglichen Kontakt
mit Dir zu verbieten,
alle Erinnerungen an Dich
aus dem Wege zu räumen,
und sie davon abzuhalten,
von Dir zu träumen.

Unerklärlich

Warum bin ich mit Dir
nur so tief verbunden,
wenn doch ohnehin
alles nur einseitig ist?

Warum muss ich fühlen,
was Du fühlst,
wenn Du sowieso
kein Interesse an mir hast?

Wie kann ich nur
Deine Bilderflut stoppen,
die Datenübertragung
an mich kappen?

Wann finde ich endlich
zurück zu mir,
warum fällt mir die Trennung
von Dir so schwer?

Der Tränenschleier

Tränen strömen aus meinen Augen,
wie aus den Bergen ein Wasserfall,
überschwemmen in Fluten mein Gesicht,
als käme es her von überall.

Aber sämtliche Tränen lindern den Schmerz
meiner verzweifelten Seele nicht,
ich weiß, das könntest nur Du allein,
doch Du wandtest ab von mir Dein Gesicht.

Indes durch der Tränen Schleier
bricht plötzlich das Sonnenlicht,
und ich höre den Regenbogen sagen,
es wird Glück geben auch ohne Dich.

Der lange Weg

Ich setze einen ersten Schritt auf den Weg,
auf den langen Weg,
weg von hier.
Es fühlt sich so falsch an,
das zu tun,
aber Du weist mich fort von Dir.

Meine Füße brennen auf dem Asphalt
und wollen ihre Last nicht tragen,
mein Herz ist von Sehnsucht
bis auf den Grund zerfressen
und quält mich mit tausend Fragen.

Warum? Warum? Warum?
Die Wirklichkeit ist so einfach
und doch so schwer zu erklären:
Es gibt kein Glück
auf der Welt,
das kann ewig währen.

Du hast mich ins Feuer gestoßen,
um bei lebendigem Leib zu verbrennen,
und vielleicht hilft mir irgendwann die Wut
darüber,
mich endgültig von Dir zu trennen.

Fremdes Bild

Der Spiegel wirft
ein fremdes Bild
in mein Gesicht zurück,
heiße, fiebrig glänzende Augen
und ein Herz, das weint,
vor Kummer verrückt.

So lange schon leidet es an Dir,
will Dich trotzdem nicht aufgeben,
ich versuche ihm klar zu machen,
wie gut es uns ohne Dich ging,
aber es will nur mit Dir weiterleben.

Und ich sehne mich
nach dem Tag der Heilung,
nach dem Ende von all diesem Schmerz,
nach dem Tag, an dem ich
wieder Vertrautes seh,
ein Gesicht lachend über einen Scherz.

Wunde Seele

Als Du mich verlassen hast,
ist meine Seele wund geworden,
sie schmerzt schon wie wild
beim kleinsten Anlass,
kapituliert schon
vor den kleinsten Sorgen.

Ihr fehlt das Gleichgewicht und der Halt,
ich weiß, sie sehnt sich danach
sich von allem zurückzuziehen,
für jetzt und alle Ewigkeit.

Vergießt massenhaft Tränen über Dinge,
die andere nur bedauerlich finden,
und verliert die Fassung bereits bei Bildern,
die schon so oft vor ihren Augen standen.

Ihr fehlt die Schutzschicht,
die dicke Haut,
der Filter gegen das Schädliche,
den man zum Überleben braucht.

Alles ist ihr viel zu viel
und gleichzeitig viel zu wenig,
alles Gute ignoriert sie beflissentlich,
und das Schlechte wird niemals beschönigt.

Ich wünschte, es gäbe eine Wasserwaage,
um sie wieder auszujustieren,
wünschte es gäbe ein Zaubermittel,
um sie nicht noch völlig zu verlieren.

Sehnsucht nach Vergessen

Alles, was ich jetzt brauche,
ist Ruhe vor Dir,
alles, was ich jetzt suche,
ist Frieden in mir.

Nur keine Bilder,
nur keine Farben,
zu viel Licht
kann meine Seele
jetzt nicht vertragen.

Und vor allem keine Erinnerungen,
an all das, was geschehen ist,
vor allem nicht an jenen Morgen,
als ich meinte, Dich
Ich liebe Dich
sagen zu hören.

Die Verwandlung

Wie hast Du es nur geschafft,
mein Freund,
Deine Liebe zu mir
in Freundschaft zu verwandeln?

Ich bräuchte jetzt dringend Deinen Rat,
denn ich müsste auf die gleiche Weise
wie Du handeln.

„Halte Dich bloß fern von ihm
und lass keine Bilder mehr zu,
verweigere Dich jeglicher Erinnerung an ihn,
dann findest Du schließlich Ruh.

Ist der Schmerz dann endlich
vollends gestorben,
kannst Du versuchen, ihn ab und zu zu sehen,
doch muss das wirklich selten bleiben,
sonst wirst Du bald wieder
vor Liebe vergehen.

Und wenn Du Glück hast,
ist irgendwann
der Zauber völlig verschwunden,
und so das Schicksal und er es wollen,
kannst Du Freundschaft finden."

Auf den Wellen

Für einen Augenblick tanzten wir
auf den Wellen,
und wussten doch, wir würden untergehen.
Allein der Zauber dort draußen war zu stark
und wir wollten das Ende nicht sehen.

Im schönsten Moment
riss eine Welle
mich plötzlich weg von Dir,
warf mich auf den harten Sand,
und Du triebst Meilen fort von mir.

Nun sitze ich hier
und träume davon,
das Spiel zu wiederholen,
um das Drama zum Guten zu ändern
und mit einem Happy-End zu heilen.

Die Hilfe des Liedermachers

Jedes einzelne seiner Worte
bringt mich weiter weg von Dir,
jedes einzelne seiner Lieder
bringt mich wieder näher zu mir.

Durch das Dickicht der Gefühle
bahne ich mir mühsam meinen Weg,
und das, was gestern unmöglich erschien,
wird heute schon wieder gehn.

Und am Siedepunkt meiner Verzweiflung
kühlt er meine Wangen mir,
lindert den Schmerz mit Eis auf den Wunden,
gibt neue Hoffnung mir.

Bis ich endlich, endlich
einsteigen kann,
in den Zug, der abfährt von hier,
zurück in das Land meiner Regenbögen,
weit weg von den Schmerzen und Dir.

Nicht stehen bleiben

Ein „Wir lieben uns"
hat es niemals gegeben,
nur ein „Ich liebe Dich",
und das kann allein nicht überleben.

Ich fühlte mich Dir so nah
in Deinen höchsten Höhen
und auch abgrundtief,
bis ich Deine Nähe nicht mehr
ertragen konnte
und schließlich fort von Dir lief.

Du hast mich niemals wirklich gekannt,
beobachtetest mich nur von Fern,
ich habe Dich verzweifelt geliebt,
Du hattest mich höchstens gern.

Aus dem Scherbenhaufen meiner Träume
laufe ich nun davon,
es gibt kein Zurück und kein Stehenbleiben,
nur ein Vorwärts,
sonst würde die Trauer mich einverleiben.

Trennungshilfe

Kommst Du noch einmal mir zu helfen,
meine alte Liebe, ein letztes Mal?
Hilfst Du mir,
mich von ihm zu trennen,
zu sagen,
es war einmal?

Schickst Du mir,
um mich zu unterstützen,
Deinen hasserfüllten Blick,
jenen,
den Du *mir* hinterherwarfst,
als sich trennte unser Weg?

Nun ist es wieder einmal so weit,
dass ich gehen muss,
nur diesmal ist die Sache anders herum,
diesmal bin ich die, die bleiben will
und meine Liebe
zieht den Strich zum Schluss.

Und über das weiche Braun
seiner Augen
legst Du Deinen Hass
in sein Gesicht,
und bringst mich dazu,
endlich zu begreifen,
ein zweites Mal
gibt es nicht.

Leere ohne Dich

Wann hört endlich
diese Leere auf,
diese Leere ohne Dich?

*Niemals und nie
bis zum Ende der Zeit
und auch noch ein Stück weiter
hinter der Ewigkeit.*

*Nur –
daran gewöhnt man sich.*

Irgendwann

Irgendwann
werde ich so viel getrauert haben,
dass ich nicht mehr weiß,
worüber ich eigentlich traurig war.

Irgendwann
werden meine Augen
so viele Tränen vergossen haben,
dass sie sich nicht mehr erinnern können,
woher all das Wasser kam.

Irgendwann
werde ich so oft
über alles nachgedacht haben,
dass ich nicht mehr weiß,
was wahr ist und was falsch.

Irgendwann
werde ich so weit
von mir davongerannt sein,
dass ich zurückkomme zu mir.

Irgendwann.

Kein Glaube mehr

Ich glaube nicht mehr
an Deine Liebe
und an Deine Beständigkeit.

Das einzige,
an das ich noch glaube,
ist der stetige Wandel
vom Gestern hin zum Heut.

Nicht noch einmal

Ich möchte nicht noch einmal durch Dich
einen Sommer verlieren,
und mir dabei zusehen müssen,
wie ich krieche auf allen Vieren.

Ich möchte nicht noch einmal
durch Dich
in altem Morast versinken,
voller Verzweiflung um Hilfe schreiend,
ohne Hoffnung auf Rettung
und in Gefahr zu ertrinken.

Wenn Du Dich noch einmal
einlässt auf mich,
dann kann es nur Freundschaft
zwischen uns geben,
denn ein Herz gebrochen zum zweiten Mal
kann man nicht überleben.

Vergebens

Noch einmal
versuche ich festzuhalten,
was nicht mehr festzuhalten ist,
beschwöre den alten Zauber,
der längst vergangen ist.

Und all die alten Gedanken
passen einfach nicht mehr,
ich kann Dich nicht mehr finden,
bemühe ich mich auch noch so sehr.

Ich spüre voller Verzweiflung,
wie die Liebe aus meinem Körper fließt,
und sich unaufhaltsam
ins Meer der Vergangenheit ergießt.

Ein schöner Traum

Es war ein schöner Traum,
Dich bei mir halten zu können,
doch nun sehe ich Dich fort
aus meinem Leben rennen.

Es fällt mir schwer,
Dich freizugeben,
aber Du wirst Deine Gründe haben,
die Dich fort von mir treiben.

So wünsche ich Dir zum Abschied
noch ganz viel Glück und
- wer weiß -
vielleicht kommst Du irgendwann,
so das Schicksal und Du es wollen,
als Freund zurück.

Machtkampf

Es ist das Herz,
das alles versteht,
und es doch nicht einsehen will.

Es ist der Kopf,
der es zurechtweisen will,
weil ihm schon übel wird,
von all dem Gefühl.

Es ist die Wirklichkeit,
die beide korrigiert
und letztlich entscheidet,
wer Regie führt.

VII.

Heimkehr

Abgeschaltet

Ab heute
schalte ich Dein Radio aus,
will Deine Lieder
nicht mehr hören.

Ab heute
schalte ich Dein Radio aus,
es fängt an,
mich ernsthaft zu stören.

Du selbst
würdest seit langem schon
Deine Lieder am liebsten
für mich sperren.

Ich kämpfte verbissen
dagegen an,
nun gebe ich Dich
verloren.

Am Ende der Straße

Am Ende der Straße
beginnt die Straße des Endes
und vor dem Anfang des Weges
liegt der Weg zum Anfang.

Es wird Zeit, ihn zu gehen.

Die Kraft des Anfangs

In jedem Ende
wohnt die Kraft des Anfangs,
in jedem Schmerz
die Möglichkeit des Glücks.

Darum nutzt es nichts,
sich beidem zu entziehen,
sonst verhinderst Du neues Leben
und blickst nur ewig zurück.

Loslassen

Lass endlich
aus dem heute gestern werden,
öffne Deine Seele
und schicke Deine Träume zum Sterben.

Sie fliegen davon,
so leicht, wie Du niemals gedacht,
als wären sie
aus purem Staub gemacht.

Ich weiß, Du kannst es jetzt noch nicht glauben,
aber sie waren es,
die Dich der Zukunft berauben.

Auch wenn sie Dir mit ihrem Sterben
Schmerzen bereiten
und vernebeln Deinen Blick,
Dich im Moment am Vorwärtsgehen hindern,
und Dich immer wieder zwingen zurück.

Aber ihr Sterben dauert nicht ewig
und mit ihrem Tod endet auch Deine Pein,
endlich kannst Du wieder nach vorne schauen,
und irgendwann
wirst auch Du wieder glücklich sein.

Gib mir Deine Hand

Komm, kleiner Träumer,
gib mir Deine Hand,
ich führe Dich heraus
aus Deinem Sehnsuchtsland.

Hier gibt es zwar
das größte und schönste Gefühl,
aber niemanden, der es erwidert
oder Deine Wunden kühlt.

Komm, wir laufen zurück
in die Realität,
zum Aufwachen aus einem Traum
ist es niemals zu spät.

Und Du wirst Dich wundern,
wie viel Kraft Du hast,
wenn Du Dich nicht mehr sehnen musst.

Das Leben kann einfach
und doch großartig sein,
mit den Füßen auf dem Boden
und dem Kopf im Sonnenschein.

Märchenprinz

Die nächste Liebe wird keine mehr
aus Tausend-und-einer-Nacht,
ich will keine Phantasie-Gefühle mehr,
ich will sie in echt.

Werde mein Herz dazu zwingen,
in der Wirklichkeit zu bleiben,
und es wird sich letztendlich
vor der Schönheit der Realität verneigen.

Doch bis dahin werde ich noch lange
an der Verletzung leiden,
die Du mir zugefügt hast,
wunderschöner Herrscher in Phantasialand,
Märchenprinz meiner Nacht.

Der richtige Weg

Ich will Dich nicht aufgeben,
auch wenn es Dir oftmals so scheint,
ich kämpfe nur um den richtigen Weg,
der mein Glück mit Deinem vereint.

Um die richtige Balance
zwischen Selbstschutz und Ehrlichkeit,
mittendrin im Meer der Wagnis,
zwischen Phantasie und Wirklichkeit.

Ich will mich nicht
noch einmal verlieren
im Land der Traurigkeit,
zu schwer ist der Weg zurück von dort,
zu kostbar dafür die Zeit.

Mir bleibt nichts als zu hoffen übrig,
Du kannst meinen Weg akzeptieren;
es gibt viele Dinge, die verzichtbar sind,
aber nicht, Dich zu verlieren.

Späte Einsicht

Jedes Mal,
wenn ich Dich vergessen will,
schieben sich Bilder vor mein Gesicht,
vergangene Geschichten
werden von neuem erzählt,
und tot geglaubte Erinnerungen
verschwinden nicht.

So oft hab ich vergessen,
so oft hab ich verdrängt,
diesmal will es mir nicht gelingen,
auch Dich
auf den Friedhof der verlorenen Liebe
zu zwängen.

Aber wie kann ich beenden,
was ich nicht vergessen darf?
Das ständige Erinnern macht mich
noch wahnsinnig
und raubt mir den letzten Schlaf.

*Indem Du, statt zu vergessen, den Mut hast,
die Wahrheit zu sehen,
dann werden schließlich auch von Dir
alle Gefühle gehen.*

Der klügere Weg

Es wäre klüger gewesen,
die Flammen an der Tür auszutreten,
als sie noch klein waren und sehr schwach,
und nicht zu warten,
bis sie das ganze Haus erfassten,
vom Keller bis hin zum Dach.

Es wäre klüger gewesen,
nicht das Unmögliche zu wagen,
nur um nachher
gerade die Unmöglichkeit zu beklagen.

Es wäre klüger gewesen,
nicht auf die Gefühle,
sondern auf die Vernunft zu hören,
und sie davon abzuhalten,
letztendlich alles zu zerstören.

Doch am Ende meiner Rede
höre ich Dich zu Recht laut lachen:
Was hat Vernunft schon zu tun
mit Herzenssachen?

Am Ende

Am Ende
hänge ich alle Bilder von Dir
von der Wand.

Am Ende
fühlt es sich an,
als hätte ich Dich
nie gekannt.

Am Ende
schließe ich die Tür
zu einem leeren Raum.

Am Ende
bleibt von Dir nicht mehr
als nur ein Traum.

Dicke Mauern

Ich baue um mein Herz
dicke Mauern
mit einem Stahltor darin.

Dich dadurch wieder
in mein Innerstes zu lassen,
machte wenig Sinn.

Denn wer einmal verletzt,
wird es wieder tun
und versteckt derweil
sein wahres Gesicht.

Und die Entschuldigung von Gestern
wird die von Morgen sein
und erfüllt ihr Versprechen nicht.

Sonnenkönig

Es fällt so schwer,
sich einzugestehen,
ich war Dir niemals wichtig
und werde es auch niemals sein.

Dir ging es immer nur
um Dein Glück allein;
nur wenn alle Dich umtanzen,
kannst Du selig sein.

Der schmerzhafte Weg

So schmerzhaft war der Weg
weg von Dir,
dass ich ihn
nicht noch einmal gehen kann.

So lang war die Strecke
zurück ans Tageslicht,
dass ich nicht noch einmal
Zeit dafür opfern kann.

So hart war der Kampf
zu mir zurückzufinden,
dass ich mich nicht noch einmal
verlieren kann.

So viele Zuviele
stehen zwischen uns,
dass es kein Nocheinmal
geben kann.

Auch ohne Dich

Seltsam,
dass Du mich gerade jetzt verlässt,
jetzt,
nachdem ich für Dich die Worte tanzen ließ,
wie Liebende auf einem Fest.

Aber genau in dem Moment,
wo ich selber stehen kann,
wendest Du Dich von mir ab,
willst nichts mehr
mit mir zu schaffen haben,
wirfst mich den Abgrund hinab.

Wie ein Ertrinkender auf festem Land
rudere ich mit den Armen
und schlage um mich,
nur um endlich festzustellen,
es geht auch ohne Dich.

Free at last

Abgrundtief schwarz
war meine Seele,
abgrundtief verzweifelt
meine Liebe für Dich,
umso erstaunter war ich festzustellen:
Auf einmal verließ der *Blues* mich.

Ich tastete mich vorsichtig
durch den Tag,
hielt mich fest an alten Wegen,
ließ nur das zu, was ich wirklich mochte,
und was mich niemals betrogen.

Bis ich am Abend
feststellen konnte,
dass ich immer noch frei
von Gefühlen war -
und ohne groß darüber nachzudenken
war ein altes Lied plötzlich wieder da:

Free at last! Free at last!
Thanks God Almighty!
I am free at last!

Danke

Indem Du mir die Möglichkeit gibst,
Dich zu verletzen,
heilst Du meine Verletzung von Dir.

Indem Du auf mein Verhalten reagierst,
zeigst Du,
Du spürtest doch etwas von mir.

Indem Du mich ein letztes Mal
zur Herrin des Spieles machst,
komme ich schließlich los von Dir,
komme endlich wieder zur Ruhe
und finde Frieden in mir.

Langsam

Langsam
gewinne ich mein Gefühl
für das Heute zurück
und kann vom Gestern genesen.

Langsam
akzeptiere ich die Dinge
so wie sie sind
und lasse gewesen sein, was gewesen.

Balanceakt

Auf einem dünnen Draht aus Seil
verläuft mein Weg
zurück zu mir.

Nur ein einziger falscher Schritt reicht aus
und ich lande
schon wieder
bei Dir.

Völlig verrannt

Wir haben uns beide völlig verrannt:
Du wolltest nur spielen
und hast die Gefahr nicht erkannt.

Ich dagegen meinte es von Anfang an ernst,
und wollte Dich in mich verlieben.
Den Fehler werde ich
nicht noch einmal begehen,
Dein Nein ist mir zu fest im Kopf geblieben.

Nur die Zeit allein

Und wenn der Kopf
noch tausendmal sagt:
„Herz, es ist vorbei!",
so kann er es doch nicht
am Fühlen hindern,
dazu ist es viel zu frei.

Nur die Zeit allein
sorgt dafür,
dass das Gefühl
letztlich vergeht,
und der Kopf ist da,
um sich darum zu kümmern,
dass das Herz bis dahin
nicht zu viel Unfug begeht.

Verrückte Zeiten

Verrückte Zeiten,
verrückte Gefühle,
von himmelhochjauchzend
bis lebensmüde.

Doch ich möchte
keine einzelne Sekunde vermissen,
hättest Du mich auch fast
in den Abgrund gerissen.

Zum Schluss gibt es
kein Opfer und keinen Täter zu finden,
und Liebe und Hass
sind für immer verschwunden.

Geblieben ist nur
eine tiefe Verbundenheit,
ein Gefühl der Nähe,
bis ans Ende der Zeit.

Zu gerne

Ich würde zu gerne
von Dir wissen,
was ich noch für Dich bin.

Nur ein Stück
missglückte Vergangenheit,
eine Geschichte ohne Sinn?

Oder hast Du,
tief in Deinem Innersten,
noch Gefühle verwahrt für mich?

Ich wünschte mir, es gäbe da etwas,
das stark genug ist,
mich zu bewahren für Dich.

Irgendwo, irgendwann…

Irgendwo
zwischen dem Gestern und Heute
gingst Du mir verloren.

Irgendwo
zwischen dem heute und Morgen
wurde ein neues Ich geboren.

Irgendwann
war der Anfang zu Ende
und das Ende fing plötzlich an.

Aber irgendwie
werden wir uns wiederfinden
und ein anderes Kapitel beginnen.
Und wenn auch nur in meiner Phantasie;
hier sind wir unsterblich,
verlieren uns nie.

Herzenserinnerungen

Was bleibt von Dir übrig
in meinem Herzen,
jetzt,
wo wir uns nie wiedersehen?

Die Erinnerung
an eine Hochzeit der Gefühle,
an einen schönen Traum.

An eine Welt
so voll bunter Farben,
an die Leichtigkeit des Seins,
an das Glück,
das vorgibt, immer zu währen,
und ist doch nur ein Schein.

An Liebe, die niemals erwidert wurde
und deshalb auch enden muss,
an falsche Worte zur falschen Zeit,
an einen letzten Gruß.

Wie schön wär´s gewesen,
hättest Du mich geliebt
und Dich auch noch getraut,
so viele Dinge wären möglich gewesen,
doch wer weiß,
vielleicht hätten wir´s auch bereut.

Vergrabenes Glück

Irgendwo dort draußen
ist mein Glück vergraben,
wo das genau ist,
kann ich nicht mehr sagen.

Habe so lange
den Weg dahin nicht gefunden,
musste zu viel
enttäuschte Liebe überwinden.

Nun zieht es mich
mit aller Macht dorthin,
wo nur ich allein
in mir geborgen bin.

Will nicht mehr
auf andere Rücksicht nehmen müssen,
will nicht mehr mein Glück treten lassen
von fremden Füßen.

Will endlich wieder frei sein
und auch stark
und nur der darf mir folgen,
der mich versteht und mag.

Was hast Du nur gemacht?

Sag mir, was hast Du
mit mir nur gemacht?
Seit ich Dich kenne
verfolgen mich Geschichten
bei Tag und bei Nacht.

Wildfremde Menschen
wollen mir alles von sich erzählen,
und ich frage mich,
warum sie gerade mich auswählen.

Ich dachte eigentlich,
seit Du mich verlassen hast,
verlöre auch Dein Zauber über mich
all seine Macht,
doch es sieht so aus,
als ob er nicht von mir lassen will,
viel zu gut gefällt ihm anscheinend
dieses Spiel.

Ausbruch der Worte

Etwas in mir ist aufgerissen
und Worte quellen hervor,
ich konnte mir nicht erklären,
woher sie kamen,
„Das liegt an Dir",
dachte ich Tor.

Doch nun habe ich meine Seele
endlich verstanden,
Du warst nur der Anlass
und nicht der Grund,
sie waren die ganze Zeit über
in mir vergraben,
warteten nur
auf eine günstige Stund.

Ich sehe ihnen zu,
wie sie munter sprudeln,
doch trau ich der Quelle nicht,
denn ich spüre in mir
ganz genau
sie fließen nicht ewiglich.

Doch ist es so schön,
in ihnen zu baden,
dass ich denke mit Grauen daran,
dass sie irgendwann wieder versiegen
und ich nicht mehr schreiben kann.

Endlich quitt

Ich habe Dir einiges gezeigt
von Deinem Leben,
Du hast mir dafür die Kraft
zum Dichten gegeben.

Zwar hast Du mich
abgrundtief verletzt,
aber dafür habe ich meine Hunde
auf Dich gehetzt.

Alles in allem, denke ich,
sind wir jetzt quitt,
es gibt nichts mehr aufzurechnen,
was immer auch wird.

Man nennt das wohl
eine Win-Win-Situation,
jeder ist Sieger,
aber das weißt Du ja schon.

Verwirrspiel

Das Du in mir
sprach zum Ich in Dir:
„Sag´ mal, was machst Du eigentlich
zu Hause bei mir?"

„Das wollte ich Dich auch schon
die ganze Zeit fragen",
hörst Du mein Ich
gereizt zu Dir sagen.

„Ein halbes Ich ist schwer zu ertragen."
„Und ein halbes Du kann nur die Hälfte
sagen."
Da kamen die beiden überein,
ein Platztausch müsste die Lösung sein.

Es zog und zerrte
das Ich Dich zu mir,
und das Du brachte schweißgebadet
mich zu Dir.

Die beide ließen uns ganz nahe sein
und wir sahen ihnen zu bei ihrem Treiben.
Nun sind alle wieder mit sich vereint
und gehen ihrer Wege,
jeder für sich allein.

Blaue Augen

Strahlend blaue Augen
leuchten durch die Finsternis meiner Nacht
und haben ohne zu zögern
meine Schwermut umgebracht.

Ich kann mir nicht erklären,
wie Du das hast geschafft,
und auch nicht, warum ich so lange
in dieser Hölle verbracht.

Endlich kann ich wieder frei atmen
und genieße den Sonnenschein,
doch hab ich mir geschworen,
nie wieder
so abgrundtief verliebt zu sein.

Erinnerung an Zauberland

An solchen Tagen wie diesen
denke ich zurück an mein Zauberland
und all die schönen Dinge,
die ich damals noch nicht gekannt.

Ich lese wieder jene Zeilen,
mit denen ich Dir ewige Liebe schwor,
so als gäbe es kein Scheitern,
als käme das niemals vor.

Ich hätte wissen müssen,
dass die Wirklichkeit jeden Zauber bricht,
und Du mir irgendwann ins Gesicht schreist
„Nein, ich liebe Dich nicht!"

Das alles ist nun längst vergangen
und alle Wunden schon lange verheilt,
geblieben ist nur die Erinnerung
an einen Zauber,
der einen nur einmal im Leben ereilt.

Farbenstrahl

Leuchtend rot strahlt die Liebe,
und in dunklem Schwarz tobt der Hass,
dazwischen liegen so viele Farben,
dass ein Auge sie kaum erfasst.

So oft bin ich schon gewandert
zwischen den Polen hin und her,
dass ich mir aus tiefster Seele wünschte,
es gäbe die Pole nicht mehr.

Warum kann ich nicht einfach hier sitzen,
mitten auf dem Farbenstrahl,
und mein mildes Rot genießen,
das mir zufiel, ganz ohne Qual?

Aber nein,
immer wieder zieht es mich
zu den starken Farben hin,
und ich fürchte, das geht so lange,
bis ich völlig verbrannt bin.

Verbrannte Erde

Verbrannte Erde
liegt zu meinen Füßen,
der Geruch des Feuers
liegt noch in der Luft,
als ob es noch nicht
genug gewütet hat
und sich schon wieder
ein nächstes Opfer sucht.

Doch sein grausames Wirken
ist endlich vorbei,
und unter der Asche
brechen Verletzungen entzwei.

Aus ihren tiefsten Spalten
schießt neues Leben empor,
und ich liebe das Gefühl des Aufbruchs,
aus dem das Neue tritt hervor.

Liebeserklärung

Nach all dem Sehnen
und all dem Schmerz
spüre ich plötzlich
Ruhe in meinem Herz.

Die Zeit hat mal wieder
das Wunder vollbracht,
die Dinge zu beruhigen,
und all die Irrwege
und all die Täuschungen
sind auf einmal wie verflogen.

Zu guter Letzt
gibt sie wieder den Blick frei auf ihn,
der mich schon begleitet seit vielen Jahren,
meine Höhen und Tiefen mit Ruhe ausgleicht,
und die Kraft hat,
all meine Abwege zu ertragen.

Er war und ist die einzige Konstante
im Auf und Ab meines Lebens,
und ich hoffe, Gefühle machen mich
niemals so blind,
dass ich ihn doch noch einmal aufgebe.

Der Traum

Irgendwann werde ich ankommen
an dem Ort,
zu dem meine Sehnsucht mich
schon so lange zieht hin,
und ich werde erstaunt sein
über all diese Zeilen,
die von mir geschrieben sind.

Der Fluss der Zeit
wird mich zurückbringen zu mir,
und zu all dem, was ich
wirklich will,
und endlich, endlich
schweigen Verlangen und Begierde
und bleiben für immer still.

Und ich werde die Ruhe genießen
und die Stille in mir,
es wird keinen Grund mehr geben
zu schreiben
und ich gehe sorgenfrei
an der Seite von Dir.

Doch bis dahin wirst Du mich
noch manches Mal vermissen,
weil ich auf Wanderung bin,
wirst mir noch viel und oft Freiheit geben
müssen,
damit ich schließlich ankommen kann.

Ich vertraue vollends
auf Deine Liebe zu mir,
auf Deine Ruhe und Deine Kraft,
auf Dich,
der niemals den Glauben an mich verliert
und mir das Vertrauen gibt,
dass ich es schaff.

Verzeichnis aller veröffentlichten Texte auf:
www.gudrunheller.wix.com/autorin